स्त्रियाँ घर लौटती हैं

...और अन्य कविताएँ

स्त्रियाँ घर लौटती हैं

...और अन्य कविताएँ

विवेक चतुर्वेदी

वाणी प्रकाशन

प्रकाशन के उत्कृष्टतम 63 वर्ष

पहला संस्करण : 2020
दूसरा संस्करण : 2022
तीसरा संस्करण : 2026

vaniprakashan.com

वाणी प्रकाशन

4695, 21-ए, दरियागंज, नयी दिल्ली-110 002

फ़ोन : + 91 11 23273167, 23275710

शाखाएँ

अशोक राजपथ, पटना-800 004, बिहार

कॉफ़ी हाउस कैम्पस, महात्मा गांधी मार्ग, प्रयागराज-211 001, उत्तर प्रदेश

महात्मा गांधी अन्तरराष्ट्रीय हिन्दी विश्वविद्यालय, वर्धा-442 001, महाराष्ट्र

sales@vaniprakashan.in

vaniprakashan@gmail.com

Striyan Ghar Lauti Hain...

by Vivek Chaturvedi

ISBN : 978-93-89563-50-4

Poetry Collection

मूल्य : ₹ 199

आर. के. ऑफ़सेट, शाहदरा, दिल्ली-110 032 में मुद्रित

वाणी प्रकाशन का लोगो मक़बूल फ़िदा हुसैन की कूची से

वरिष्ठ साहित्यकारों की सम्मति में

विवेक चतुर्वेदी की कविताएँ स्वयं सम्पूर्ण, अतुलनीय, स्वयंभू एवं अद्भुत हैं इनका प्रकाशन भारतीय काव्य की अविस्मरणीय घटना है।

— अरुण कमल

बहुत खोज कर और बहुत–बहुत याद कर के भी मैं कोई दूसरा काव्य–संग्रह ऐसा नहीं खोज पा रहा हूँ जो विवेक चतुर्वेदी के 'स्त्रियाँ घर लौटती हैं' के पासंग हो सके। 'कविता' वही है जो इससे पहले, इस तरह लिखी न गई हो। विवेक चतुर्वेदी की सारी कविताएँ इस अर्थ में 'कविता' हैं, ये बहुत कोमल हैं लेकिन धार रखती हैं। माँ–पिता–घर–परिवार–बेटी और तुम, सब कविता बन कर जब विवेक के घर से निकलती हैं तब हमारी दुनिया वही नहीं रह जाती है जो पहले थी। जब कविता घर लौटती है तो वह दुनिया बदल देती है।

— कुमार प्रशांत

एक ताजा और मौलिक भाषा के साथ विवेक चतुर्वेदी अपने कविता संग्रह 'स्त्रियाँ घर लौटती हैं' में आए हैं वे नयों में अविस्मरणीय हैं और भारतीय कविता को आधुनिक तरीके से समृद्ध करते हैं।

— ज्ञानरंजन

असाधारण कविताएँ हैं विवेक की आपने एक नई काव्य भाषा भी कविता और समाज के हित में रची है जो सघन अनुभूति के निर्झर जैसी है साथ ही विवेक ने नए काव्य धरातलों को बहुत प्रेरित किया है मुझे गहरा स्नेह है विवेक से...उन्हें मेरा आशीष।

– आलोकधन्वा

विवेक चतुर्वेदी कविता की बड़ी सम्भावना की ओर अग्रसर कवि हैं। उनकी कविता 'स्त्रियाँ घर लौटती हैं' में जो ऑब्ज़र्वेशन है वह अनूठा है।

– नरेश सक्सेना

कविता संग्रह 'स्त्रियाँ घर लौटती हैं' पढ़ रहा हूँ मन भीतर तक भीग आया है लम्बे अरसे बाद ऐसी कविताएँ पढ़ रहा हूँ। इनमें संवेदना का ऐसा परिपाक है कि पढ़ते–पढ़ते आँखें ही नहीं समय भी डबडबा रहा है सारी कविताएँ एक साथ कविता का उत्सव रच देना चाहती हैं। इन कविताओं में रिश्तों की आँच है, वह गुनगुनी सी ऊष्मा है, जो प्रायः आज छीजती सी लगती है। इनमें सुबह की उजास है, वक्त की गोधूलि है, आत्मा का रंग है। धूप हवा पानी का छुआ छुआ सा अनछुआपन है। पिता की मौजूदगी है, माँ की छाँव है, प्रिया का शीशे जैसा तलस्पर्शी मानस है, बेटी और बहन का आत्मीय लोक है। नदी का तरल संस्पर्श है, पहाड़ की विराटता है, प्रकृति का औदात्य है और ...देखिए कि संग्रह की शीर्षक कविता से अधिक सौम्य स्त्री विमर्श और क्या होगा।

– यश मालवीय

विवेक चतुर्वेदी की कविता में सबसे अच्छी बात जो मुझे लगी वह यह कि वे भाषा का प्रयोग सहसा अपनी अभिव्यक्ति के लिए नितांत भिन्न तरह से करना चाहते हैं और उस भाषा के लिए वे निरंतर अपनी संवेदना को तराशते प्रतीत होते हैं वे अकथ के लिए कोई कथनीय सौंदर्य गढ़ना चाहते

हैं उनकी कविताओं में आए बिम्ब लगभग थर्रा देते हैं यह पृथकता उनकी हर कविता में दिखती है।

— लीलाधर जगूड़ी

विवेक चतुर्वेदी बड़े समर्थ कवि हैं उनके अंदर कविता की बहुत सम्भावना है उनकी कविताओं में सजगता और संवेदनशीलता का सही संतुलन है इधर कविता में जो यथातथ्यता आती जा रही है उसके विरुद्ध विवेक की कविता की नवीनता और प्रवीणता आकर्षक है उनकी कविता 'ताले रास्ता देखते हैं' में जो बिम्ब हैं वे अद्‌भुत हैं।

— ममता कालिया

जो लोग कहते हैं कविताएँ कौन पढ़ता है उन्हें विवेक की कविताएँ एक बार जरूर पढ़ना चाहिए इन कविताओं में भाव और भाषा का प्रीतिभोज तथा उसका उल्लास और तृप्ति दोनों मिलेगी। इनमें मुझे अपनी लोक भाषा का वह गौरव दिखाई दिया जिसने भीतर तक भिगो दिया और स्त्रियों को लेकर बहुत ही श्रेष्ठ रचाव इन कविताओं में है...विवेक की कविता हिंदी कविता की गहरी आश्वस्ति है।

— नरेंद्र पुण्डरीक

विवेक जीवन के गहरे आशय से जुड़े संवेदनशील कवि हैं अपने काव्य आशय में वे सामान्य–सी दिखती जीवन स्थिति में भी बाजवक्त सहस्त्राब्दियों का फैसला तय कर लेते हैं। उनकी कविताओं में अनुभूतिगत मसृणता और हरिताभपन एक साथ है।

— सवाई सिंह शेखावत

स्त्रियाँ घर लौटती रहेंगी...

ज्ञान जी कहते हैं पहली किताब पहले बच्चे की तरह होती है और आज से कोई पाँच बरस पहले... एक नाजुक छुअन की उम्मीद के साथ आपके हाथों में इस किताब को रखा था ये लिखते हुए दिली खुशी महसूस करता हूँ कि आपकी मुहब्बत ने एक सहमी सी उम्मीद को गहरे यकीन में बदल दिया।

देखिए न... इस छोटे से अंतराल में 'स्त्रियाँ घर लौटती हैं' का तीसरा संस्करण आपके हाथों में है। क्या कहूँ... मन बहुत भावुक हो रहा है। जिस शिद्दत, संजीदगी और बड़प्पन के साथ आप सबने एक डगमगाते–तुतलाते बच्चे की दुधबोली को सुना समझा है वो बेमिसाल है और गहरी रचनात्मक हिम्मत देता है।

इस सफर में अब तक जो भी खूबसूरत था वो आपका था खास तौर पर स्त्रियों का... जो धरती की धुरी हैं, और जो कंकड़–पत्थर थे, धूल–धँवास थी, कमियाँ–कमजोरियाँ थीं... वो मेरी थीं।

फिर उम्मीद रखता हूँ कि आपकी फिक्रमंद पतवार के सहारे इस किताब की छोटी सी डोंगी दुनिया के सागर में तिरती रहेगी और दुनिया भर की स्त्रियाँ घर लौटती रहेंगी। आमीन।

आपका ही
विवेक

12.09.2025,
जबलपुर

मनकही

आज पचास बरस की उमर में... आप जैसे कविता के गम्भीर पाठकों और अध्येताओं के बीच अपने इस पहले कविता संग्रह को हिन्दी कविता के बृहत्तर फलक पर रखते हुए यदि आज मेरा संकोच और सहम उस छोटे से लड़के की ही है जो लगभग पैंतालीस बरस पहले जबलपुर के सरकारी स्कूल में सिलेट पर लिखकर अपना पहला पाठ मास्टर जी को दिखा रहा था तो उसकी वजह शायद यही है कि सत्रह–अट्ठारह की नौजवान कविताई के बाद बमुश्किल चार बरस पहले ही मैंने कविता के इस लाल मुरम वाले रास्ते पर क़दम रखे थे...ये तो कुछ बेहद नर्म और गर्म उँगलियाँ थीं जिन्हें थाम कर यहाँ आ गया...और घुटने छिले नहीं।

इस संग्रह की कुछ कविताओं में कामकाजी स्त्री के घर लौटने की कथा है, घर से यदा–कदा ही बाहर जाने वाली स्त्री की कथा है, प्रेम में खो रही स्त्री की कथा है, अपनी उपस्थिति से ही एक मृदुल संसार रचती हुई या संघर्ष करती स्त्री की कथा है, वंचित, व्यथित, पुरुष द्वारा नितान्त देह की तरह बरती गयी, और पीड़ित स्त्री की व्यथा है और साथ ही साथ उस स्त्री के प्रेम से ही उदात्त हुए पुरुष की कथा भी है इसमें वो पुरुष भी है जो खल है पर स्त्री मन के रहस्य में पैठ पाता है।

किसी ने मुझसे कहा था... "तुम स्त्री की सामर्थ्य और व्यथा के कवि हो" लेकिन स्त्री को कहते हुए मुझे आलोक धन्वा की स्त्रियों का वैभव याद आ जाता है जिन्होंने मुझे चौक पार करना सिखाया और बार–बार भीड़ भरे चौराहे पर मैं उसी स्त्री के हाथ की ओर अपना हाथ बढ़ा देता हूँ, शायद वो बढ़ा हुआ हाथ ही ये कविताएँ हैं।

माँ और पिता इन कविताओं में बार–बार आवाज़ देते हैं, उनकी काँपती आवाज़ पूरी मनुष्यता के छीजते सम्बन्धों की न केवल पड़ताल कर लेना चाहती है बल्कि दुबारा बहुत कुछ बुनना भी चाहती है जो छिन्न

हो गया है... पिता के भीतर, साहित्य में बार–बार कोसी गयी पुरुष सत्ता से इतर पिता भी है जो चुपके से माँ के उठने से पहले आँगन में बुहारी लगा देता है।

अभी तो नहीं हो सका है पर कभी मेरी कविता के जंगल में, वो सब बसेरा कर सकेंगे जो गुम हो रहे हैं या जिनका कोई नहीं है, जो बेघर हैं, जो थके हैं, जो छले गये हैं। उनमें चिड़िया भी होगी, पानी भी, मिट्टी भी, पहाड़ भी, पेड़ भी, और हाँ... आदमी भी।

इस सदी के अप्रतिम कथाकार ज्ञानरंजन ने मुझसे एक बार कहा था कि पहला संग्रह पहले बच्चे की तरह होता है सो... इसे आपके हाथों में रखते हुए एक नाजुक छुअन की उम्मीद है। आज मैं उन सबको याद कर रहा हूँ जिन्होंने मेरी दुधबोली को सुना और समझा...और जो उनका नाम यहाँ लिखे बिना भी ये जानते हैं कि मैं उन्हें याद कर रहा हूँ।

वरिष्ठ यशस्वी कवि अरुण कमल जी ने संग्रह की शस्ति के लिए अपने भाव और शब्द दिये.... प्रसिद्ध चित्रकार अवधेश बाजपेयी जी ने आवरण हेतु बहुत मन से चित्र सृजित किया.... आप दोनों के प्रति आत्मिक आदर सहित आभार का भाव अनुभव करता हूँ।

लेकिन... इन्दौर साहित्य उत्सव के प्रवर्तक और हैलो हिन्दुस्तान के सम्पादक प्रवीण शर्मा जी के लिए वही कहना चाहता हूँ जो कभी दुष्यन्त कुमार ने 'साये में धूप' में कमलेश्वर के लिए कहा था कि... आप इस अफ़साने में न होते... तो ये सिलसिला यहाँ तक न आ पाता।

मैं तो...

हाथों में अंगारों को लिए सोच रहा था
कोई मुझे अंगारों की तासीर बताये।

विवेक चतुर्वेदी

अनुक्रम

वरिष्ठ साहित्यकारों की सम्मति में	5
स्त्रियाँ घर लौटती रहेंगी...	9
मनकही	11
स्त्रियाँ घर लौटती हैं	15
मीठी नीम	17
माँ	18
रावण	20
औरत की बात	23
भोर...होने को है	24
चुप	27
दुनिया के लिए ज़रूरी है	28
टाइपिस्ट	30
हरी मिर्च और नमक	31
स्त्री विमर्श	32
पिता	34
शोरूम में काम करने वाली लड़की	36
प्रार्थना की साँझ	40
तुम यहीं तो मिले हो	41
डोरी पर घर	43
पेड़ की मृत्यु पर...	44
टुडुप–गुडुप	46
सभा	47
किसी दिन... कोई बरस	50
बाबू	51
कहाँ हो तुम	53

बसन्त लौटता है	54
रुदन	57
तुम आये बाबा	58
उस दिन भी...	59
नये साल में...	60
तेरे बिराग से...	61
शरद की सुबह	63
तुमने लगाया था	64
अपना–अपना दिन	67
सुनो बाबू	68
वर्गवादी	70
तुम्हारे साथ जो भी काता मैंने	71
भोर उगाता हूँ...	72
चैत की धूप	73
रीयूनियन	74
कविता कितनी दूर	77
गोधूलि	78
ऊन	80
लाल रुमाल	81
मित्र के लिए...	83
भीतर	84
देखो...नर्मदा को देखो	86
उनकी प्रार्थना में	88
सुबह होगी...	89
रोज़	91
पसीने से भीगी कविता	92
तुमने कहा...	94
मेरे बचपन की जेल	95
पृथ्वी के साथ भी	103
पिता की याद	104
पेंसिल की तरह बरती गयी घरेलू स्त्रियाँ	106
ताले...रास्ता देखते हैं	108
नींद ऐसी	111
माँ को ख़त	112

स्त्रियाँ घर लौटती हैं

स्त्रियाँ घर लौटती हैं
पश्चिम के आकाश में
आकुल वेग से उड़ती हुई
काली चिड़ियों की पाँत की तरह।

स्त्रियों का घर लौटना
पुरुषों का घर लौटना नहीं है,
पुरुष लौटते हैं बैठक में, फिर गुसलखाने में
फिर नींद के कमरे में
स्त्री एक साथ पूरे घर में लौटती है
वो एक साथ, आँगन से
चौके तक लौट आती है।

स्त्री बच्चे की भूख में
रोटी बनकर लौटती है
स्त्री लौटती है दाल भात में,
टूटी खाट में,
जतन से लगाई मसहरी में,
वो आँगन की तुलसी और कनेर में लौट आती है।

स्त्री है... जो प्रायः स्त्री की तरह नहीं लौटती
पत्नी, बहन, माँ या बेटी की तरह लौटती है
स्त्री है... जो बस रात की

नींद में नहीं लौट सकती
उसे सुबह की चिन्ताओं में भी
लौटना होता है।
स्त्री, चिड़िया–सी लौटती है
और थोड़ी मिट्टी
रोज़ पंजों में भर लाती है
और छोड़ देती है आँगन में,
घर भी, एक बच्चा है स्त्री के लिए
जो रोज़ थोड़ा और बड़ा होता है।

लौटती है स्त्री, तो घास आँगन की
हो जाती है थोड़ी और हरी,
कबेलू छप्पर के हो जाते हैं ज़रा और लाल
दरअसल एक स्त्री का घर लौटना
महज़ स्त्री का घर लौटना नहीं है
धरती का अपनी धुरी पर लौटना है।।

मीठी नीम

एक गन्ध ऐसी होती है
जो अन्तर में बस जाती है
गुलाब–सी नहीं
चन्दन–सी नहीं
ये तो हैं बहुत अभिजात
मीठी नीम सी होती है
तुम...ऐसी ही एक गन्ध हो।।

माँ

बहुत बरस पहले
हम बच्चे आँगन में
माँ को घेर के बैठ जाते
माँ सिन्दूरी आम की
फाँकें काटती
हम देखते रहते
कोई फाँक छोटी तो नहीं
पर न जाने कैसे
बिल्कुल बराबर काटती माँ
हमें बाँट देती

ख़ुद गुही लेती
जिसमें ज़रा–सा ही आम होता
छोटा रोता–मेरी फाँक छोटी है
माँ उसे अपनी गुही भी दे देती
छोटा ख़ुश हो जाता
आँख बन्द कर गुही चूसता

उस सिन्दूरी आम की फाँक
आज की रात चाँद हो गयी है
पर अब माँ नहीं है
वो चाँद में बहुत दूर
स्याह रेख सी

दिखाई पड़ती है

माँ चाँद के आँगन में बैठी है
अब वो दुनिया भर के
बच्चों के लिए
आम की फाँक काट रही है।।

रावण

रावण... शताब्दियों से गूँजता है
जिसका खल
रावण... जो छल से चुरा लाया है
एक स्त्री के दिन... पर रातें नहीं
पर क्या रावण
हमसे अधिक नहीं जानता
स्त्री देह का राग?

जानता है रावण!
वो बलात् नहीं कर सकता
एक स्त्री को सितार
स्त्री जब चाहेगी
सच में संगीत...
तब कसेगी
अपनी देह के तार
वो अपने हाथ में थाम लेगी मिजराब
और ख़ुद देह की रहस्यमयी
गहराइयों तक ले जायेगी
स्त्री खोलेगी
अबूझ गुफ़ाओं के द्वार
और दीप्त हो जायेगा देहराग...

असीम धैर्य... असीम प्रतीक्षा...

जानता है रावण
और चाहता है 'अशोक' रहे वाटिका
जानता है एक दुर्ग है स्त्री देह
जीता गया है जो छल से
पर बल से चढ़ी नहीं जा सकती उसकी प्राचीर
जब तक स्वयं सीढ़ी न हो जाये स्त्री

चाहता है रावण
स्त्री कुटिया तक होना चाहिए
एक लाल मुरम की राह
पर लाल मुरम तो उस स्त्री के पास है

सुनो! इस सदी में
कितने कितने पुरुषों ने
देखी है लाल मुरम बिछने की राह।
ये जो स्त्री सो रही है तुम्हारे बगल में
तुम्हारे तप्त चुम्बन से घुट रही है जिसकी साँस
क्या लाये थे इसे तुम
लाल मुरम की सड़क से
नहीं... तुम लाये थे इसे
धन, प्रतिष्ठा, पद, बल या छल से...

तुम इस स्त्री के बन्द दुर्ग में
प्रवेश कर गये
तुमने खटखटाकर देखी न राह
अब तुम साभिमान रहते हो इस दुर्ग में
जिसके द्वार शिलाओं से बन्द हैं
तुमको पता नहीं
तुम दुर्ग की दीवारों और देहरी
पर रहते हो

कल दशहरे की रात
आग और धुएँ के बीच
इन शताब्दियों में
रावण पहली बार मेरे साथ बैठा
तब उसके कन्धे पर रख हाथ
जानी मैंने स्त्री संवेदना

राम की शताब्दियों... मुझे क्षमा करना।।

औरत की बात

लड़की दौड़ती है तो थोड़ी तेज़ हो जाती है धरती की चाल
औरत, टाँक रही है बच्चे के अँगरखे पर सुनहरा गोट...
और गर्म हो चली है सूरज की आग
बुढ़िया, ढार रही है तुलसी के बिरवे पर जल
तो और हरे हो चले हैं सारे जंगल
पेट में बच्चा लिये, प्राग इतिहास की गुफा में
बैठी औरत
बस...बाहर देख रही है
और खेत के खेत...
सुनहरे गेहूँ के ढेर में बदलते जा रहे हैं।।

भोर...होने को है

एक उनींदी रात में
नन्ही बेटी के ठण्डे पैर
अपने हाथों में रखकर
ऊष्म करता हूँ
और मेरी जीवन ऊर्जा
न जाने कैसे
विराट हो जाती है

मैं अनुभव करता हूँ
कि भोर मेरे ये हाथ
फैल जायेंगे
मैं सूर्य से ऊष्मा लेकर पृथ्वी तक पहुँचाऊँगा
पृथ्वी हो जायेगी एक छोटा अण्डा
और मेरे हाथ
शुतुरमुर्ग के परों से विशाल...
मैं सेऊँगा पृथ्वी को
और गोल पृथ्वी से निकल आयेंगी असंख्य छोटी पृथ्वियाँ

पृथ्वियाँ... जिनमें हैं बस
जंगल, नदी, पहाड़ और चिड़ियाएँ
है आदमी भी, पर बस
अमलतास के फूल की तरह
कहीं कहीं

दानवीय मशीनें नहीं,
न कोई शस्त्र
पूरी पृथ्वी एक–सी हरी
न भय, न भूख
न दिल्ली, न लाहौर
न चन्द्रमा पर जाने की हूक

औरत भी सोनजुही के फूल–सी खिली
गहाती गेहूँ
धूप के आँगन में
नेह की आँच से सेंकती रोटी
खुले स्तनों से निश्चिन्त
पिलाती बच्चे को दूध

बेटी के ठण्डे पैरों को
मेरे हाथ की ऊष्मा
मिलने से वो सो चुकी है
और उसके सपनों के
हरे मैदान की बागुड़ को
फाँद कर
छोटी–छोटी पृथ्वियाँ
दाख़िल हो रही हैं खेलने
हालाँकि आकाशगंगा में
घूमते कुछ हत्यारे
नन्ही पृथ्वियों को
घूरते आ खड़े हुए हैं
पर बेखबर नन्ही पृथ्वियाँ
रंगीन फूल वाली
फ्राक पहने सितोलिया
खेल रही हैं

नन्ही बेटी इन्हें देखकर नींद में
मुस्कुरा रही है
भोर... होने को है ।।

चुप

किसी रोज़
नदी के निर्जन घाट पर
चुप...बैठ रहेंगे साथी
उस शाम
तुम नहीं कहोगी
शान्त है ये जल
मैं नहीं कहूँगा
अच्छा है इस शाम यहाँ होना
नदी की धार को
पैरों से छूता
एक पंछी
हू तू तू...बोलता
उड़ जायेगा
हम... कुछ भी न कहेंगे
बहुत–सा जो ख़ूबसूरत
मिट रहा है
इस दुनिया से
चुप...उनमें से एक है साथी ।।

दुनिया के लिए ज़रूरी है

बहुत–सी ख़ूबसूरत बातें
मिटती जा रही हैं दुनिया से
जैसे गौरैया,
जैसे कुनकुनी धूप,
जैसे बचपन,
जैसे तारे,
और जैसे एक आदमी, जो केवल आदमियत की ज़ायदाद
के साथ ज़िन्दा है।

और कुछ ग़ैरज़रूरी लोग न्योत लिए गये हैं
जीवन के ज्योनार में
जो बिछ गयी पंगतों को कुचलते
पत्तलों को खींचते
भूख–भूख चीख़ते
पूरी धरती को जीम रहे हैं।

सुनो... दुनिया के लिए ज़रूरी नहीं है मिसाइल
ज़रूरी नहीं है अन्तरिक्ष की खूँटी पर
अपने अहम् को टाँगने भेजे गये उपग्रह
ज़रूरी नहीं हैं दानवों सी–चीख़ती मशीनें
हाँ... क्यों ज़रूरी है मंगल पर पानी की खोज ?

ज़रूरी है तो आदमी... नंगा और आदिम

हाड़–मांस का,
योग–वियोग का,
शोक–अशोक का,
एक निरा आदमी
जो धरती के नक़्शे से
ग़ायब होता जा रहा है
उसकी जगह उपज आयी हैं
बहुत–सी दूसरी प्रजातियाँ... उसके जैसी
पर उनमें आदमी के बीज तो बिल्कुल नहीं हैं

इस दुनिया के लिए ज़रूरी हैं
पानी, पहाड़ और जंगल
ज़रूरी है हवा और उसमें नमी
कुनकुनी धूप, बचपन और
तारे... बहुत सारे।

टाइपिस्ट

मैंने कहा 'बचपन'
उसकी उँगलियाँ हिरन हो गयीं
मैंने 'पिता' कहा... टाइप किया उसने 'पिता'
पर मन भरा नहीं... वो अक्षरों को बड़ा करती गयी
कहा 'माँ'... और उसकी स्मृति खोजने लगी
एक मुलायम लिपि
जब 'सहेलियाँ' कहा
तो खेलती दिखीं उसकी चूड़ियाँ
'प्रेम' कहा मैंने और...
उँगलियाँ सहसा की–बोर्ड पर ठहर गयी
फिर 'शादी' कहा... तो होने लगीं
उसके टाइप में गलतियाँ
मैंने 'माँ और दूध पीता बच्चा' लिखाना चाहा
वो टाइप कर न सकी... भर आयीं उसकी आँखें
मैं रुका... फिर कहा लिखो... 'औरत का हक़'
पर लफ़्ज़ हैरत से गुमने लगे
फिर मैंने 'एक छोड़ी हुई औरत' कहा
उसकी उँगलियाँ लड़खड़ायीं और धुँधला गया सब
फिर वो देर तक ख़ाली स्क्रीन को घूरती रही
और काँपते हाथों से टाइप किया 'हिम्मत'
फिर एक बार 'हिम्मत'...
और उड़ने लगीं उसकी उँगलियाँ...
सारा पेज उसकी हिम्मत से भर गया।।

हरी मिर्च और नमक

न रुला पाता शायद
लथपथ ख़ून से
सड़क पर पड़ा
वो दोपहिया सवार
पर ढनग कर खुले टिफिन से
रोटियों के साथ
झाँक आयी थीं
दो हरी मिर्च और
अधबँधी पुड़िया में नमक।।

स्त्री विमर्श

मंच पर आभासी था
स्त्री विमर्श
वास्तविक था वो नेपथ्य में

विद्रूप हँसी की डोर से
खींचे जा रहे
लिप्सा और जुगुप्सा के
पर्दों के बीच
अतृप्त वासनाओं से
धूसर ग्रीन रूम के
उस विमर्श में थे
स्त्री के स्तन ही स्तन
फूले और मांसल
ओंठ थे, जाँघें थीं, नितम्ब थे
न था मस्तिष्क, न ह्रदय
न कविता लिखने को हाथ
न कंचनजंघा पर चढ़ने को पैर
वहाँ अदीब थे, आला हुक़्मरान...थिंकर...
यूनिवर्सिटी के उस्ताद थे
पर थे सब बदज़बान लौंडे
नंगे होने की उनमें ग़ज़ब की होड़ थी
शराब में घोला जा
रहा था भीतर का कलुष

गर्म धुँए में तानी जा रही थी
स्त्री की देह...
वहाँ चर्चा बहुत वैश्विक थी
बड़ा था उसका फ़लक
उसमें खींची जा रही थी स्त्री
पहली और तीसरी दुनिया के देशों से
न्यूयॉर्क और पेरिस
नेपाल और भूटान
इज़राइल और जापान

उस रात विमर्श में
स्त्री बस नग्न लेटी रही
न उसने धान कूटा
न पिलाया बच्चे को दूध
न वो ट्राम पकड़ने दौड़ी
न उसने देखी परखनली
न सेंकी रोटी
रात तीसरे पहर उन सबने
अलगनी पर टँगे
अपने मुखौटे पहने
और चल दिये
वहाँ छूट गयी
स्त्री सुबह तक
अपनी इयत्ता ढूँढ़ती रही।।

पिता

पिता! तुम हिमालय थे पिता!
कभी तो कितने विराट
पिघलते हुए से कभी
बुलाते अपनी दुर्गम चोटियों से
भी और ऊपर
कि आओ–चढ़ आओ

पिता! तुममें कितनी थीं गुफाएँ
कुछ गहरी सुरंग–सी
कुछ अँधेरी कितने रहस्य भरी
कितने कितने बर्फ़ीले रास्ते
जाते थे तुम तक

कैसे दीप्त हो जाते थे
तुम पिता! जब सुबह होती
दोपहर जब कहीं सुदूर किसी
नदी को छूकर गीली हवाएँ आतीं
तुम झरनों से बह जाते
पर शाम जब तुम्हारी चोटियों के पार
सूरज डूबता
तब तुम्हें क्या हो जाता था पिता!
तुम क्यों आँख की कोरें छिपाते थे

तुम हमारे भर नहीं थे पिता!
हाँ! चीड़ों से
याकों से
भोले गोरखाओं से
तुम कहते थे पिता!–'मै हूँ'
तब तुम और ऊँचा कर लेते थे ख़ुद को
पर जब हम थक जाते
तुम मुड़कर पिट्‌ठू हो जाते

विशाल देवदार से बड़े भैया
जब चले गये थे घर छोड़कर
तब तुम बर्फ़ीली चट्टानों जैसे
ढह गये थे
रावी सिन्धु सी बहनें जब बिदा हुई थीं
फफक कर रो पड़े थे तुम पिता!

ताउम्र कितने कितने बर्फ़ीले तूफ़ान
तुम्हारी देह से गुज़रे
पर हमको छू न सके
आज बरसों बाद
जब मैं पिता! हूँ
मुझे तुम्हारा पिता! होना
बहुत याद आता है
तुम! हिमालय थे पिता!

शोरूम में काम करने वाली लड़की

शोरूम में काम करने वाली लड़की
सुबह आती है भागती–हाँफती
टिफ़िन लटकाये कन्धे में
शोरूम के अपने आप खुलने वाले
दरवाज़े से घुसते ही
उसे टाँग देना होता है
अपने मन का सीझा हुआ दुख,
पहननी होती है रंगीन टाई के साथ मुस्कराहट
ठीक करनी होती है लिपस्टिक
ढाँकना होता है मेनिक्विन का नंगापन
चमकाने होते हैं शोकेस के काँच।

पढ़नी होती है फिर
आभिजात्य ग्राहकों के मन की किताब
पलटाने होते हैं अभिलाषा, लालसा,
अहम् और अद्वितीयता के पृष्ठ सतर्कता से,
चमचमाती दृश्य पीठिका पर
लगाते जाना होता है कपड़ों की प्रदर्शनी
छुपाते हुए उन्हें फिर अभी समेटने की उलझन,
घाघरा, चोली, लहँगा, शरारा, गरारा
सलवार कमीज़, कुर्तियाँ और न जाने क्या–क्या
उद्घाटित करनी होती हैं विशेषताएँ
ये ज़रदोज़ी, ये फुलकारी, ये मुकेश का काम,

यहाँ सलमा सितारे, इसमें काथा
गढ़नी होती है कितनी–कितनी कथा।

जलाती है लड़की आँखों में
प्रशंसा के नक़ली नियोन बल्ब बार–बार
देती है... खिल रहा है ख़ूब जैसे विशेषण
बिछाती है रंग के बाद, दूसरा रंग
डिज़ाइन के बाद, दूसरी डिज़ाइन
रचना होता है उसे रंग और रूप का सम्मोहन।

इस सबके बीच अपने भीतर
नट की तरह चल रही होती है लड़की,
उसे चूड़ीदार की मोहरी जैसे
तंग और घुटन भरे घर में
माँ की खाँसी की याद को
बार–बार तह करके रखना होता है
और सुझाते जाने होते हैं लगातार
मँगनी, मेहँदी और संगीत के लिए क़ीमती परिधान,
पूछने पर चतुराई से बताने होते हैं दाम
कभी–कभी ख़ुद ही
बहुत चकित हो जाती है लड़की
कि एक शाम पहने जाने वाले
कपड़े का दाम इतना
जितने के लिए वो काम करेगी
अगले पूरे बरस।

कपड़ों के साथ देखी जाती रही है
लड़की भी बार–बार
हैंगर में टँगे कपड़ों की तरह
जाती रही है टटोली

ठसाठस भरे बटुए से हुए उन्मादी
जेब में मचलते क्रेडिट कार्ड से हुए उदार,
काले पपोटों वाले थुलथुले पुरुष
जो टाँग लाये गये हैं
अभिमानी स्त्रियों के साथ
कनखियों से बार–बार नाप सकते हैं
आसानी से लड़की की देह,
गोया लड़की है महँगे कपड़ों के साथ पैकेजिंग
या आइसक्रीम या लेमन टी।

बचपन से इस लड़की ने पढ़ा है ख़ूब
मुफ़लिसी का कसैला पाठ,
इसलिए कभी किसी ग्राहक की
बोसीदा कमीज़ की जेब की
बेबसी को पढ़ लेती है लड़की,
तब वो उसके साथ आयी सहमी सी स्त्री को
हाथ पकड़ धीरे से बताती है
शोरूम के दोस्ताना हिस्से
और मुस्करा देती है।

शोरूम में काँच के ताबूतों जैसे तंग दिन में
एक बार जब लड़के का फ़ोन आता है
तब कोरे कपड़े की महक सी
हो जाती है लड़की की हँसी,
लड़की ने कपड़ों के बीच छुपा रखी है
नीले फूलों वाली एक मनीला शर्ट
और पैसे जोड़ रही है
महीने–दर–महीने

शोरूम में काम करने वाली लड़की
बस जाना चाहती है
लड़के के साथ किसी दूसरे शहर
मोटरसाइकिल में बैठ लड़के की
कमर पकड़ घूमना चाहती है,
चाहती है सुबह रोटी और
हरी मिर्च के साथ टिफ़िन देना,
चाहती है शाम को रास्ता देखना।

वो दिन को रेशम और रात को
मखमल–सा सोचना चाहती है
सोचती है कि वो ख़ुद
एक घर हो जाये घोंसले सा
गर्म गुदगुदे अँधेरे से
कुनमुनाहट सुनना चाहती है,
वो चोंच चोंच भर लाये तिनकों से
जीवन को बुनना चाहती है,

शोरूम में काम करने वाली लड़की
नहीं चाहती शोरूम आना
वो घर जाना चाहती है।
सुनो ! इस सदी में स्त्री को
जबरिया काम पर भेजने वाले
स्त्री के मुक्तिकामी विमर्शकारो
अपना कोलाहल बन्द करो
ये लड़की क्यों, घर जाना चाहती है।।

प्रार्थना की साँझ

वो जो दिया बाती के साथ
तुलसी पर
बुदबुदाती थी माँ
ख़ुद के सिवा सबका दुख
खोती जा रही है
ऐसी निष्पाप
प्रार्थना की साँझ।।

तुम यहीं तो मिले हो

बरसों बाद आज
तुम्हारे शहर से गुज़रा तो
मुझे जो छूकर गयीं नम हवाएँ
तुम्हारी उदास आँखें ही तो हैं
शहर के आसमान पर
घिरे हैं काले बादल वो
तुम्हारी आँख का काजल है
जो रोते–रोते फैल गया है
रेल की पटरी के दोनों ओर
फूल आये हैं कनेर के पीले फूल
तुम्हारी भोली हँसी ही
उनमें बदल गयी है
तुम्हारे नन्हे पैर मेहँदी के
छोटे पौधों से उग आये हैं
तुम्हारे धानी कुर्ते से
निकल पड़ा है हरी घास का मैदान
उसमें बच्चे खेल रहे हैं
कभी–कभी तुम जो देती थीं पूजा
वो चौक पर छोटा–सा
तुलसीवन हो गयी है
तुम्हारी घेरदार स्कर्ट
नहर हो गयी है
चुन्नी पर खिली ढेर सारी बिन्दियाँ

स्कूल जाती लड़कियों में दौड़ रही हैं
तुम्हारे पसीने की गन्ध
काम पर जाती मेहनतकश
मजदूरिनों में बदल गयी है
मेरे रोकने पर भी
तुम जो पूछती थीं
सवाल हर जगह
वो अब सड़क पर जाते
जुलूस हो गये हैं
उनींदा नहीं है अब
ये शहर ज़रा चिल्लाता है
ये शहर अब भी तुम्हारी तरह
साइकिल चलाता है
जिसकी चेन उतरती है
तो वो शर्मीला लड़का चढ़ाता है
तुम्हारी ही तरह ये शहर
जंगल की एक सड़क पर
आकर गुम हो जाता है
फिर उसका पता कोई भी
नहीं बताता है
तुम्हारी ही तरह हाथ पकड़कर
शाम को रोता है शहर
पर रात न जाने कहाँ चला जाता है
बरसों बाद आज तुम्हारे
शहर से गुज़रा हूँ तो
साथी... तुम यहीं तो मिले हो
किसी ने क्यों कहा था
कि तुम ये शहर छोड़ गये हो।।

डोरी पर घर

आँगन में बँधी डोरी पर
सूख रहे हैं कपड़े
पुरुष की कमीज़ और पतलून
फैलाई गयी है पूरी चौड़ाई में
सलवटों में सिमटकर
टँगी है औरत की साड़ी
लड़की के कुर्ते को
किनारे कर
चढ़ गयी है लड़के की जींस
झुक गयी है जिससे पूरी डोरी
उस बाँस पर
जिससे बाँधी गयी है डोरी
लहरा रहे हैं पुरुष अन्तःवस्त्र
पर दिखाई नहीं देते महिला अन्तःवस्त्र
वो ज़रूर छुपाये गये होंगे तौलियों में।।

पेड़ की मृत्यु पर...

आम का एक पेड़ कट गया है
गुम गया है छोटी चिड़ियों का बसेरा
सुबह का मद्धम मधुगीत
कोलाहल में बदलता जा रहा है
धूसर होता जा रहा है
मेरी आत्मा का हरा रंग

अहम् में ऐंठे देवों के यज्ञ में
समिधा होने को अभिशप्त
पड़ी हैं बेजान
कटे पेड़ की अस्थियाँ
सड़क की धूल में धूसरित हैं
सूखती जा रहीं
हरी पत्तियाँ
असंख्य फलों के
अजन्मे भ्रूणों का रुदन
पेड़ की छाल के भीतर रिस रहा है
रिस रहा है मेरे भीतर
का आदमी होना

इस सदी के
सबसे बड़े कठघरे में
इस सदी की सबसे दुखद

शोकसभा में अपराधी सा
मैं ख़ुद को खड़ा पाता हूँ
आम के एक पेड़ की मृत्यु पर।।

टुड्डुप–गुड्डुप

खड़खड़ाते पत्तों से दौड़ते
सबसे आवारा
पतझड़ के दिन गये
माँ की रोटी के तवे सा
तपता चैत आया...गया
धोबी के लोहे में
सुर्ख कोयलों सा दहकता
बैसाख आया...वो भी गया
अब आ रहा है सावन
पानी की नन्ही इक बूँद सी
तुम टुड्डुप जाना
आँगन में बन आयी
छोटी–सी तलैया में
हम दोनों हो जायेंगे...गुड्डुप।।

सभा

वो सभा एक तालाब थी
थीं वहाँ बहुत–सी
यन्त्रचालित मछलियाँ
कुर्सियों से बँधी

कुछ मातहत मछलियाँ
दौड़ती हुईं
जिनके चेहरे पर थीं हवाइयाँ

सभा में आमन्त्रित बड़े मगर का
रास्ता देखतीं
दो मझोली मछलियाँ
तालाब के मुहाने पर तैनात थीं

सभा की आयोजक बड़ी मछली
तालाब की गहराई से मुहाने तक
बदहवास दौड़ती थी
पूछती बार–बार–क्या मगर आ गये?

सभा में केकड़े थे जो
कभी आगे, कभी पीछे होते थे
कुछ थे बुद्धिजीवी जलचर...
जो अपनी सीपों में बन्द थे

छात्र मछलियाँ
क़तारबद्ध बैठाई गयी थीं
देखती अपलक
बड़े मगर के लिए तैयार मंच
अनुशासित विचारहीन युवा मछलियाँ...
मगर की प्रत्येक मुद्रा पर बजाने को
अभ्यस्त विशेष ताल में तालियाँ

फिर दमकती देह वाली सोनमछली
प्रशस्ति वाचन को सतर्क

सजीले दस्तावेज़ लिए
फिर रही थीं
सजावटी मछलियाँ
तयशुदा तथ्यों के दस्तावेज़
जिन्हें परोसा जाना है
वहाँ मोटी खाल वाले
विद्रूप कछुए भी थे रेंगते

सभा के बाहर दलदल में लोरती थीं
जो असंख्य छोटी मछलियाँ
ये सभा संविधान में मिले
उनके अधिकारों पर ही थी
पर उनको इस सभा में आने की
इजाज़त न थी

सभा में जो भी कही जानी थीं बातें
वो सब पहले से ही थीं तयशुदा
सभा के पहले ही बाँट दी गयी थीं

सन्तोष के आटे की गोलियाँ
स्वीकृति में हिलता सिर
सबसे अनिवार्य मुद्रा थी

बड़ा मगर आया
तो अपनी दुम पर
खड़ी हो गयीं मछलियाँ
खुरदरे शल्क वाले
तालाब के अधिपति
उस मगर ने कहा–
हम स्वतन्त्र हैं ...
और मछलियाँ स्वतन्त्रता के
उत्सव में लीन हो गयीं

मगर ने कहा–बहुत विकास हुआ
इन दिनों ...
और कुपोषित कमज़ोर जलचर
मुदित हो गये

मगर कहता गया
और तालियों की ध्वनि बढ़ती गयी
बढ़ता गया उन्माद

सभागार के बन्द काँच के दरवाज़े से झाँकती
सच की बूढ़ी माई–मछली
देर तक लाठी ठोंकती रही
पर भीतर न आ सकी...
वो सभा एक तालाब थी।।

किसी दिन... कोई बरस

किसी दिन, कोई बरस, बरसती किसी रात में
तुम खटखटाओगी द्वार एक आकुल वेग से
जैसे कोई खटखटाता हो अपने ही घर का द्वार
द्वार मैं खोलूँगा और बुला लेगा तुमको एक निःशब्द विस्मय
उस रात मैं ढूँढूँगा तह कर रखा गया कुर्ता और
उसके बिना बड़े–छोटे की बात हुए तुम पहन लोगी उसे
उबालूँगा दाल–चावल तुम्हें खिलाऊँगा
दोनों नहीं पूछेंगे देर रात तक कुछ भी
एक निःशब्द समय की गोद में बैठ रहेंगे
बीच में जली होगी आग
फिर सुलाऊँगा तुम्हें मूँज की खाट में
और अपने घुटनों में रखे सिर रातभर तुम्हें सोता हुआ देखूँगा
एक ऐसा दिन यक़ीनन मेरी डायरी में दर्ज होगा।।

बाबू

एक दिन सुबह सोकर
तुम नहीं उठोगे बाबू...
बीड़ी न जलाओगे
खूँटी पर ही
टँगा रह जायेगा अंगोछा...
उतार न पाओगे
देर तक सोने पर नहीं गरिआओगे
कसरत नहीं करोगे ओसारे
गाय की पूँछ ना उमेठेगो
न करोगे सानी
दूध न लगाओगे
सपरोगे नहीं बाबू
बटैया पर चन्दन न लगाओगे
नहीं चाबोगे कलेवा में बासी रोटी
गुड़ की ढेली न मँगवाओगे
सर चढ़ेगा सूरज
पर खेत ना जाओगे
औंधे पड़े होंगे
तुम्हारे जूते बाबू...
पर उस दिन
अम्मा नहीं खिजयायेगी
जिज्जी तुम्हारी धोती
नहीं सुखायेगी

बेचने खेती
भैया नहीं जिदयायेंगे
उस दिन किसी को भी
ना डाँटोगे बाबू
ज़मीन पर पड़े अपलक
आसमान ताकोगे
पूरे घर से समेट लोगे
डेरा बाबू.... तुम
दीवार में टँगे चित्र में
रहने चले जाओगे
फिर पुकारेंगे तो हम रोज़
पर कभी लौटकर ना आओगे।।

कहाँ हो तुम

बरस गया है
आषाढ़ का पहला बादल
हरी पत्तियाँ जो पेड़ में ही
गुम हो गयी थीं
फिर निकल आयी हैं
कमरों में क़ैद बच्चे
कीचड़ में लोट कर
खेलने लगे हैं
दरकने लगा है
आँगन का कांक्रीट
उसमें क़ैद माटी से
अँकुए फूटने लगे हैं
कहाँ हो तुम।।

बसन्त लौटता है

आज बरस बहुत बाद
दफ़्तर में फिर वो दोनों साथ बैठे
साथ–साथ दोनों ने टाइप किया
और टाइप में हुईं बरस बहुत पहले की
वही गलतियाँ
तो दोनों सहसा हँस पड़े

जैसे फूट पड़ी
बहुत पहले लुप्त हुई नदी की एक धार
अधेड़ तटबन्ध उम्र के बह गये
झनझनाती रही प्रत्यंचा हँसी की
देर तक देह का धनुष
और भीतरी दरवाज़ों को
खटखटाती रही हँसी
तरल हो खुलता गया मन
फिर हँसी डूबती गयी
और डूबते–डूबते भिगा गयी
थोड़ी–सी आँख
अचरज हुआ उन्हें
कि बीच के इतने बरसों में
साथ नहीं हँसे कभी और
इतने बरसों में
दोनों ने कभी टाइप तक

नहीं किया शब्द प्रेम
यहाँ तक कि किसी का नाम भी... प्रेमकुमार या प्रेमवती...

एक साथ ही दोनों ने याद किया
कि बरस बहुत पहले
देर तक बैठने साथ
बहुत धीरे चलते थे उनके टाइपराइटर
हर लाइन के बाद पूछते थे
एक–दूसरे से कुछ–न–कुछ और
जवाब से पहले ही फूट पड़ती थी
सेमल की रूई सी हँसी

कितनी बार तो दोनों ने चाहा
टाइप करना वही
एक–दूसरे के लिए
जो टाइपराइटर पर उँगलियाँ रोककर
कहती थीं जो उनकी आँखें
पर टाइप कर न सके....

अब जबकि इस पुरुष की
निकल आयी है थुलथुली तोंद
अब जबकि इस स्त्री की
आँखों के नीचे
बढ़ गये हैं काले घेरे
अब जबकि दोनों के ही सिरों
पर फूट पड़ी है सफेदी की तेज़ धूप
इस हँसी ने खिला दिये हैं मोगरे के फूल
और कुछ देर जब इस हँसी की
साइकिल पर उमर की
खुरदुरी सड़क को लाँघकर

वे नदी किनारे की मुलायम गीली
रेत तक भागे
उन्हें याद आया
भीतर का बसन्त
दूर जाता तो है
पतझड़ पर चलकर
कभी लौट आता है।।

रुदन

कितने दिन हुए
मैं रोया नहीं हूँ
ऐसा झंझावाती रुदन
जिसमें हिल उठें पसलियाँ
काँप उठें हृदय के सारे गुझ्झर
जड़ें धारासार हो...बरस पड़ें
मैं कब रो सकूँगा।।

तुम आये बाबा

जस की तस रखी है बाबा
तुम्हारी बीड़ी, बंडी और धोती
पर हम सब बदल गये हैं
कल आधी रात सपने में
तुम आये बाबा
थके चेहरे और सूनी आँखों से
चुपचाप ताकते रहे
हमारे जीवन की गति
ख़ुद ही सहलाते रहे
अपने पैरों की थकन।।

उस दिन भी...

नहीं रहेंगे हम
एक दिन धरती पर
उस दिन भी खिले
हमारे हिस्से की धूप
और गुनगुना जाये

देहरी पर चिड़िया आये
उस दिन भी और
हाथ से दाना चुग जाये

आँगन में उस दिन
न लेटे हों हम
पर छाँव नीम के पेड़ की
चारपाई पर झर जाये

शाम घिरे उस दिन भी
भटक कर आवारा बादल आयें
मिट्टी को भिगा जायें

नहीं रहेंगे हम एक दिन...
पर उस दिन भी ।।

नये साल में...

अनुभूति के
भग्न होते दुर्ग तक पहुँचूँगा
भाषा की सीढ़ियों से
और पुकारूँगा...
लाल मुरम के रास्ते दूर जाती
कविता के भीतर की स्त्री को।।

तेरे बिराग से...

सपने में देखा रात
बिही का पेड़ हुआ मैं
और तू गिलहरी

भागते फुरफुर मेरी देह पर
तू रेंग गयी
पर डाल पर लचक आये
तिसना के गदराये फल को
तूने जुठारा तक नहीं
और छोटे से मुँह से कोंच–कोंच
मीठे गूदे को ललाते
नीचे खड़े छोटे बच्चे के लिए
चुहा दिया

फैली हुई बच्चे की गदेली से छिड़
फल धरती पर गिर दरक गया
बच्चे ने झट धूल सना गूदा
मुँह में भर लिया
चियार दिये खुशी से दाँत
बीज...धरती ने
अपने गर्म पेट में सेंत लिए
काले बादल से माँग पानी
उन्हें पोसा

और जने मुझसे कितने ही पेड़
इस तरह तेरे बिराग से गिलहरी...
मैं पेड़... अमर हुआ।।

शरद की सुबह

शरद की सुबह
कभी–कभी इतनी मुलायम होती है
जैसे सुबह हो ख़रगोश की गुलाबी आँख
जैसे सुबह हो पारिजात के नन्हे फूल
जैसे सुबह हो झीना सा काँच
कभी–कभी सुबह को सुनने और छूने
में डर लगता है
कि जैसे अभी दरक जायेगा एक गुनगुना दिन।।

तुमने लगाया था

तुमने लगाया था
जो मेरे साथ
एक आम का पेड़
तुम्हारा होना उस पेड़ में
आम की मिठास बनके
बौरा गया है

चूसते समय जो उठी है
खट्टी लहर वो मेरी है
आम की गुदाज देह का
पीलापन तुम्हारा है
तुम्हारी ही हैं
घनी हरी पत्तियाँ

और वो जो नन्ही सी नर्म गुही है हम दोनों के बीच
वो अँकुआने को मचलता जीवन है
पेड़ का तना और कठोर छाल मैं हूँ
पर गीली मिट्टी को दूर–दूर तक
बाँधने वाली जड़ें तो तुम ही हो
आज आषाढ़ की पहली बारिश में भीगकर
ये आम का पेड़ लहालोट हो गया है
पत्तियों की पूरी देह को छूकर टप–टप बरस रहा है पानी
छाल तरबतर हो दरक रही है

पर फिर भी हम
कुछ राहगीरों के लिए
इस तेज़ बारिश में
छत हुए हैं
एक राहगीर के बच्चे की
रस छोड़ती जीभ को पढ़
तुम टप से गिर पड़ी हो
खुल पड़े हैं तुम्हारे ओठ
बच्चा तुमको दोनों हाथों में थामकर चूस रहा है
और तुम्हारी छातियाँ
किसी अजस्र रस से
उफना गयी हैं

एक कोयल ने अभी-अभी
कहा है अलविदा
अब वो बसेरा करेगी
जब पीले फागुन सी
बौर आयेगी अगले बरस
हम अपनी जड़ों के जूते
मिट्टी में सनाये
खड़े रहेंगे बरसों बरस
मैं अपने छाल होने के खुरदरेपन से
तुम्हारी थकी देह सहलाता रहूँगा
पर सो न जाना तुम
कभी रस हो जायेंगे फल
घनी उदासी से लिपटकर
रोने हो जायेगा तना
कभी बहुत बड़ी छाती
ठिठुरती ठण्ड में सुलगकर
आँच हो जायेंगी टहनियाँ

छाँव हो जायेंगी हरी पत्तियाँ
कभी सूखकर ये
पतझड़ की आँधियों में जायेंगी
उनके साथ हम भी तो
मीलों दूर जायेंगे
गोधूलि... तक हम कितनी दूर जायेंगे
तुमने लगाया था जो मेरे साथ एक आम का पेड़।।

अपना–अपना दिन

सुबह हुई
दो कुर्सियाँ साथ–साथ बैठीं
चाय पी...फिर अपनी–अपनी
मेज़ के नीचे सरक गयीं
तमाम दिन...
यूँ ही उतरा।।

सुनो बाबू

जो ये बूढ़ा मज़दूर
तोड़ रहा दीवार
देखता हूँ
सुलगा रहा है तुम्हारी ही तरह बीड़ी
चमकते लौ में मूँछ के बाल
वैसी ही तो घनी झुर्रियाँ
पोपला मुँह

तुम्हारी ही तरह उसने
भीतरी भरोसे से देखा
ज़रा ठहरकर
और तोड़ कर रख दिया
हठी कांक्रीट

दोपहर...तुम्हारी ही तरह
देर तक हाथ से
मसलता रहा रोटी
पानी चुल्लू से पिया
धीर दिया तुम्हारी ही तरह
कि मैं हूँ तो सिरजेगा
सब काम ठीक...

अनायास मन पहुँच गया

उस कोठरी में
जहाँ तुम लेटे थे
मूँज की खाट में आख़िरी रात
अँधेरे में गुम हो रही थी साँस
खिड़की से झाँक रही थी
एक काली बिल्ली

खड़े थे सब बोझिल सर झुकाये...
घुटी चुप चीर निकल पड़ी थी मेरी हूक
तो आँख खोल तुम कह उठे थे डपटकर
रोता क्यों है बे...मैं नहीं जाऊँगा कहीं
और मूँद ली थी आँख...

बाबू...लगा आज
तुमने ठीक ही तो कहा था...
सुनो बाबू !

वर्गवादी

द्वार खड़का सुबह
कौन आया!
परिचय मिला पदचाप से
ओह सेवक...जो आता रोज़ ही
बढ़ता हाथ...
सहसा यन्त्रवत थम गया
आ जायेगा...ठेलकर द्वार
इसे कहना होगा नहीं–आइये...
पूछना होगा नहीं–बाहर ठण्ड है?
बोलना होगा नहीं–पहने रहें जूते...आ जायें...
अनायास... मन सुबह
कैसा वर्गवादी हो गया।।

तुम्हारे साथ जो भी काता मैंने

तुम्हारे साथ जो भी काता मैंने
उसे खूँटी पर टाँग रखा है
तुम चाहो उतारो उसे या
वहीं रहे टँगा छिन जाये
मैं चाहता हूँ उसे उतार दूँ
तो अरझ कर एक–एक सूत टूटने लगता है
बेहद दर्द भरी टीस के साथ और
मैं नहीं तोड़ पाता एक भी सूत
जो, साथ हमने काता है।।

भोर उगाता हूँ...

नहीं जाता अब सुबह
मन्नतों से ऊबे, अहम् से ऐंठे
पथरीले देवों के घर
उठता हूँ आँगन बुहारता हूँ
और कुछ बच्चों के लिए
इक भोर उगाता हूँ।।

चैत की धूप

नौजवान थानेदार चैत का
मौसम की जीप पर बैठा
फटकारता धूप का बेंत
जलती दोपहर की गली में
गश्त पर निकलता है
सहम कर खिड़की दरवाज़े
बन्द हो जाते हैं
एक फूल–पलाश
अधबनी मुँडेर से
झाँककर देखता है
बस... साँझ हो जाती है।।

रीयूनियन

वो सब लौटकर
अपने शहर आये, अपने स्कूल।
आये... फिर से बस गये मोहल्लों में
सब आये पोंछने
अपनी यादों की
सिलेट में जमी धूल
उनमें से एक लड़की
अपने पुराने घर पहुँची
जहाँ अब ध्वज की तरह
नहीं लहरा रहा था
उसके पिता का नाम
कांक्रीट से बदल गया था
घर का नक़्श
पर नहीं बदली थी अभी
मिट्टी के आँगन की तासीर
आँगन में चलते लड़की
सहसा रुक गयी उस जगह
जहाँ बहुत बरस पहले
दफनायी गयी थी
उसकी पालतू बिल्ली
उसे बरबस याद आये वो आँसू
जो ठण्ड की उस सुबह
बिल्ली को मरा देख निकले थे

उसने उन आँसुओं का जल किया
और सूखती तुलसी पर ढार दिया

उनमें से एक लड़का
सड़क पर पुरानी साइकिल ढूँढ़ता रहा
जिसकी चेन वो चढ़ाता था
वो साइकिल उसके बसन्त की थी
उसे याद आया
चेन चढ़ाकर हाथों में ग्रीस लगाये
वो आँखों से ही अच्छा...कहता था
और बिना कुछ कहे ही
उसका बसन्त
बहुत दूर चला जाता था
उसने दूर जाते बसन्त को याद किया
और सड़क पार करते
छोटे बच्चों के हाथ थाम लिये

वो सब आये और
उन्होंने चौंक कर देखीं अट्टालिकाएँ
जो घरों की जगह
उग आयी थीं
शहर से गुजरती नदी को
सूखते देखा और उफ़ कहा
एक पुराना बरगद
अब भी हरा देखा और खुश हुए
उन्हें पुरानी देव प्रतिमाओं को
देखकर विस्मय हुआ
कि बस इनके चेहरे हैं जो नहीं बदले
जिनके घरौंदे बचे थे अब भी
उन्होंने पुरानी खिड़कियाँ और छज्जे देखे

उनको... किसी का इन्तज़ार याद आया
आँख की कोरें भीग आयीं
पर वो मुस्कुराये...
वो सब अपने स्कूल भी गये
और बूढ़े हो चले अपने
उस्तादों की झुर्रियों को छुआ
मर चुके चौकीदार को पूछा
और उसकी बेवा को इनाम बख़्शा
वो सब चौराहों पर गये
भले बदली हों पर
उन्होंने सब गलियाँ पहचानीं
वो गाते रहे, वो हँसे, वो रोये भी
उन्होंने बचपन का शहर देखा
उन्होंने फिर आसमान में तारे देखे
और इतने सालों तक ओढ़े
नाम और पहचान को
महँगे सूटकेसों में बन्द किया
बेतरह...नंगे पैर धूल के मैदानों में भागे
अचानक उन्हें मालूम हुआ कि
आदमी पेड़ है
अपनी...जड़ों में रहता है।।

कविता कितनी दूर

घर के आँगन में
खुरदुरी धरती पर बैठ
मूँज की खटिया सी
बुनता हूँ मैं कविता
पर आँधी...
कविता छूटकर
पतंग सी उड़ जाती है
बिजली के तारों में
फँस के फड़फड़ाती है
बच्चों से कितनी
दूर चली जाती है।।

गोधूलि

तुम मुझे क्यों चाहते हो...डॉक्टर!
घट रही है गोधूलि मेरी देह में
तुम और मैं...दोनों तो जानते हैं
ठण्डी राख हो रही है मेरी देह
पर बहुत भीतर मेरी आँखों में
तुमको कैसे आग दिखती है डॉक्टर!
हाँ...डॉक्टर!
रिस रहा है मेरी साँस का पानी
धधक रहा है मेरे भीतर के
हरे जंगल में दावानल
सूख रहा है मीठे पानी का पोखर
चिड़िया मेरे प्राण की उड़ा चाहती है
छीजता हुआ अंगवस्त्र हो गयी है मेरी देह...
पर डॉक्टर!
मुझे थमती गोधूलि से आता
बचपन दिख रहा है
वो तुम्हारी उँगली ढूँढ़ता है
गोधूलि में सना
वो घुटनों तुम्हारे पीछे भाग रहा है

डॉक्टर!
जब मेरी धड़कन स्टेथस्कोप से
तुम्हारे कान को न छुए

तुम ढूँढ़ो...और न मिले कलाई में स्पन्दन
ओढ़ाना मुझे हरी चादर
ख़ुद से ही कहना–शी इज़ नो मोर
तब रोना नहीं डॉक्टर !
गोधूलि मेरी देह में घट रही है डॉक्टर।।

ऊन

मौसम की दुल्हन
आख़िर बुनने लगी
गुनगुनी धूप का स्वेटर

धुन्ध में, सुबह की सलाइयों से
कुछ फन्दे गिरे, टूटे फिर सँभल गये
बन ही गया एक पूरा पल्ला
दोपहर की धूप का

सूरज का नर्म ऊन
उँगलियों की छुअन से
बासन्ती हो गया ।।

लाल रुमाल

ओढ़ाता हूँ बिटिया
तुझे मैं एक लाल रुमाल

जानता हूँ
तेरी राह के कंकड़ों पर
बिछा न पाऊँगा
कभी लाल मुरम...

नन्ही लाल मछलियों से
मचलते तेरे सपनों को
उम्मीद के छिछले पानी
में सहेज न पाऊँगा

बिटिया खाली है मेरा झोला
रात गहराते बहुत लाल होगा
जो भूख का सवाल
जवाब दे न पाऊँगा
टेकरी के लाल हनुमान से
पूछा था मैंने
क्यों नहीं है तुम्हारी दुनिया
लाल गेंद सी
लाल गुड़िया सी
लाल मिठाई सी

तो जाने ताकते रहे कहाँ
बोले कुछ नहीं
थोड़े और लाल हुए शायद

बिटिया... तुझे ख़ुद ही बनानी होगी
तेरी दुनिया
तोते की लाल चोंच सी तेज़...
हँसी से तेरी ज़रूर लाल हो जायेगा
सुबह का सूरज

तुझे ओढ़ाता हूँ बिटिया
मैं एक लाल रुमाल।।

मित्र के लिए...

एक दिन होगा
जब झुर्रियों भरा युद्ध होगा
कीचड़ में धँसता होगा रथ
हँसते होंगे कृष्ण और पार्थ
घाव रिसते होंगे रक्त से और
मन कुटिलता की पीड़ा से
बन्धु! उस दिन मुझे आवाज़ देना।।

भीतर

खोजता हूँ
क्या हैं मेरे भीतर भी
ये सघन वन
हवा में डोलते
आवारा उन्माद से
चहचहाते कूकते
पाखियों में
झूमते उद्दण्ड वेग से
किस ओज से
भैरव सा
कोई राग गाते

मैं सभ्यता की
कोलतारी सड़क से
चलता हुआ भीतर
उस वन का
निर्झर ढूँढ़ रहा हूँ
जो झरा हो
मेरी ही चेतना से
एक पेड़...जिसके सहारे
मैं खड़ा हूँ

अपनी खुरदुरी छाल से छूकर
मुझसे कहा रहा है
ढूँढ़ पागल...
मैं तेरे भीतर भी खड़ा हूँ।।

देखो...नर्मदा को देखो

अपनी कृशकाय देह से
पथरीली भूमि पर लेटी हुई है तपस्विनी
मांस, जो जल है क्षीण हुआ है
प्रस्तर खण्ड, जो अस्थियाँ हैं
दीख पड़ने लगी हैं
देह में विचरते मनुजों पशुओं को
अर्द्धउन्मीलित नेत्रों से देखती है नर्मदा
नर्मदाष्टक और स्तुति पाठ के
घोर कोलाहल से
भग्न हो रहा है उसका ध्यान
उन्मादी आस्तिकों की पूजन समिधा में
उलझ गयी है केश राशि
अगर–धूम्र से म्लान हुआ जाता है शान्त मुख
सीपियाँ, शंख, रेत जो मज्जाएँ हैं
खोद डाली गयी हैं
कोशिकाएँ, मीन–कच्छप
दानवी यन्त्रों से भयग्रस्त हो विदा हुई हैं
देवी की साधना के साक्षी होने
सुदूर देश से आते थे जो विहग
अब पथ भटक गये हैं
कूलों पर तपनिष्ठ वृक्ष
थे जो संरक्षक मुनि
अकाल मृत्यु को प्राप्त हुए हैं

सूख रहे हैं
काष्ठागार में उनके शव
शान्त तटों को अपनी उपस्थिति से
आक्रान्त करते मठों से निस्तारित कलुष
कृष्णवर्णी कर रहा है नर्मदा की त्वचा
स्रोतस्विनी की गर्भ नाल से जुड़कर
बसे ग्राम नगरों के समवेत पातकों से
अन्तर्धान होने को है यह यति
देखो...नर्मदा को देखो।।

उनकी प्रार्थना में

काँपते पैरों से पहुँचते बाबू
सनीचर की साँझ
पीपल के पेड़ तक
बालते दिया
जोड़ देते आँखें बन्द कर हाथ
बरमदेव को...
मुझे नहीं पता जड़ में पीपल की
देव था या नहीं
पर उनकी प्रार्थना में था।।

सुबह होगी...

तुमने कहा था...आना
आज पूनो की रात है
पर मैं शहर की इस
धूसर बस्ती में रुक गया हूँ

आसमान में टँगा गमकता चाँद
तुम्हारी यादों सा
मेरी देह में उतर रहा है
चाँद ख़ुद–ब–ख़ुद
तुम्हारा चेहरा होना
चाहता है
पर मैं इसे लालटेन कर
नीम के पेड़ पर
टाँग रहा हूँ
जहाँ कच्चे घर के आँगन में
घुटनों पर बैठी एक बच्ची
चूल्हे की आँच की रोशनी में
सिलेट पर लिख रही है

दो भूखे बच्चे पास ही
बटुलिया में उबलते पानी की
खदबदाहट को
बेसबब सुन रहे हैं

मैं चाँद को गरम भात
बना रहा हूँ
फूला हुआ गुदगुदा नरम भात

कोई बुढ़िया अब
चाँद में बैठकर
चरखा नहीं कातती
वो तो आँगन में बैठी
बेहद छिना कपड़ा
सिल रही है
मैं चाँद के कपड़े को
रात के लूम पर तानता हूँ
तारों की खूँटियों पर कसकर
सफ़ेद धोती बना रहा हूँ

अब मैं तुम्हारे चेहरे पर भी
लालटेन देखता हूँ
चाँद नहीं देखता
मुझे माफ़ करना
आने में सुबह होगी।।

रोज़

दिन एक पहाड़ है
सूरज है सुबह की चाय
साँझ पहाड़ के पार एक झील है
रात है उसमें डूब के मर जाना।।

पसीने से भीगी कविता

एक पसीने की कविता है
जो दरकते खेत में उगती है
वहीं बड़ी होती है

जिसमें बहुत कम हो गया है पानी
उस पहाड़ी नाले में नहाती है
अगर लहलहाती है धान
तब कजरी गाती है

इस कविता में रूमान बस उतना ही है
जितनी खेत के बीच
फूस के छप्पर की छाँव है
या खेत किनारे अपने आप बढ़ आये
गुलमोहर का नारंगी रंग है

इस कविता को रेलगाड़ी में चढ़ा
शहर लाने की मेरी कोशिशें नाकाम हैं
ये कविता खलिहान से मण्डी
तक बैलगाड़ी में रतजगा करती है
ये समर्थन मूल्य के बेरुख हो जाने पर
कसमसाती है
खाद बीज के अभाव और
पानी के षड्यन्त्रों पर चिल्लाती है
जब ब्लॉक का अफ़सर

बहुत बेईमान हो जाता है
तो साँप–सी फनफनाती है

ये सचमुच अपने समय के साथ खड़ी होती है
ये गाँव से कलारी हटाने के जुलूस में
शामिल होती है

ये कविता आँगन में बैठ
चरखे–सा कातती है
रात–रात अम्मा की
आँखों में जागती है
जिज्जी के गौने पर
आँखें भिगोती है
बाबू के गमछे को धोती है

कभी ऊसर सी सूख जाती है
कभी सावन सी भीग जाती है

ये पसीने से भीगी काली देह पर
भूसे की चिनमिनाहट है
ये बूढ़े बाबा की लाठी की आहट है

कविता गाँव के सूखते पोखरे
के किनारे बैठ रोती है
जहाँ भी पानी, चिड़िया, पेड़, पहाड़
और आदमी होता है
वहाँ होती है।।

तुमने कहा...

तपने तो लगी थी दोपहर चैत की
पर क्यों आज ज़रा
मुलायम सा लगा दिन
सुबह तुमने धूप से
कुछ कहा था क्या।।

मेरे बचपन की जेल

मेरा बचपन एक जेल में बीता
जिसके दरवाज़े से बहनें मुझे
रोज़ ढकेल देती थीं भीतर
और निष्ठुर और कठोर 'ना' लिए
खड़े रहते थे पिता
हम सबको भीतर कर अल सुबह
बन्द होते जेल के उस हाथी दरवाज़े
की किर्रर......आज तक मेरे भीतर
गूँजती है
क्या कुछ नहीं बन्द और ख़त्म हुआ
उस दरवाज़े के साथ

जेल में एक सी वर्दी पहने
उनींदी आँखों और थके पैरों वाले
हम नये पुराने क़ैदी
एक सफ़े में खड़े किये जाते
जेलरों का चहेता एक पुराना क़ैदी
हमसे दुहरवाता था एक फ़रेबी प्रार्थना
जिसके लफ़्ज़ों के मानी का
वहाँ किसी को भी यक़ीन न था
फुदकती गौरैयाँ, उगता सूरज
गाय का नवजात बछड़ा
पुराने टायर से बनी

शानदार गाड़ी, पतंग, गुलाबी नींद,
घर के आँगन की रेशमी सुबह
ये सब बस्ते में क़ैद हो जाने
से उपजी छटपटाहट में
कैसा गूँगा दुख था
जिसे मैं...जी भर कर रो भी
न सका

मेरे आँसू भीतर उमगे
वो जहाँ–जहाँ बहे वहाँ
खारे निशान वाली धारियाँ छिल गयीं
उनका नमक आज तक मेरी
चेतना को छरछराता है
हमें बैरकों में ठूँसा जाता था
रटाया जाता था कामुक
और वहशी राजाओं का इतिहास
डरावना और बेखुर्द विज्ञान, बेबूझ गणित
अपने काम और हालात से हुए
चिड़चिड़े जेलर हमारी नर्म खूँटियों
पर अपना भारी अभिमान टाँगते
थुलथुल हठी जेलर

काले धूसर तख्ते पर हमें
दिखाये जाते ज्यामितीय आकार
उन त्रिभुजों के कोने
हमारी चेतना में धँस जाते
वो चाहते थे हम बनें
याद रखने की उम्दा मशीन
हमारे पाठ में कुछ
कविताएँ भी थीं कुछ कहानियाँ

जो उन जेलरों के हाथ
पड़ कर नीरस हो जातीं

बैरक की अधखुली खिड़की से
मैं देखा करता
हवा में गोता लगाते
डोम कौए
बैरक के छप्पर में
आज़ाद फिरते चमगादड़
रोज़ शाम मैं पैरोल पर छूटता था
और मोहल्ले की धूल भरी सड़कों पर
खेलने में भूल जाता था कि मैं क़ैदी हूँ
पर जब रात गहराती
सुबह सात बजे की सूली छेदने लगती
घर की दीवाल में जो पुरानी घड़ी थी
सुबह सात बजाने के लिए उसकी गति
इतनी तेज़ क्यों थी
नारंगी सपनों को रौंदता
समय का काला घोड़ा क्यों भागता था सरपट
घड़ी के उन काँटों को सुबह सात बजे तक
जाने से रोकने
अधूरी नींद के ख़्वाब में
उन पर हाथ की उँगलियों
के बल मैं लटक जाता था
तब घड़ी के काँटे हो जाते चाकू जैसे संगलाख
कितनी–कितनी रातें
कितनी–कितनी बार
मैं उन काँटों को रोकने लटका
कितनी–कितनी बार मेरी उँगलियाँ
कट कर घड़ी के डायल से चिपक गयीं

अब जब कभी मैं चाहता हूँ
बनाना एक छोटी चिड़िया का चित्र
लिखना एक मुलायम सा गीत
तब मालूम होता है मुझे
मेरी उँगलियाँ नहीं हैं
चील बन अवसर के मुद्दों से
उपलब्धियों का मांस नोचने
नाखून तो है
पर वो उँगलियाँ नहीं हैं
जो किसी सिर को सहलाती हैं
सितार बजाती हैं

उस सीलन भरी जेल में
कुछ पुराने क़ैदी थे
जो ना मालूम कैसे
बहुत ख़ुश रहने का हुनर
सीख चुके थे
और हमें भी ख़ुश रहने के लिए
धमकाये जाने वार्डन की तरह मुस्तैद थे
हम क़ैदियों को नीरस और उबाऊ पाठ
याद करने की सजाएँ मुकर्रर थीं
हमें थी भिन्न
हमें कड़वा बीज गणित था
अप्रिय तेज़ गन्ध वाले रसायन थे
कभी हाथ न आने वाली भौतिकी थी

कभी–कभी सबसे बड़ा
उस जेल का सबसे बड़ा अधिपति
जेलर हमसे मिलने आता
तब हमें बैरकों से

मैदान में खदेड़ा जाता
कंकड़ बिछे उस मैदान
की धूप़ में हम सफ़े में बैठाये जाते
बड़ा जेलर हमें सिखाता अच्छा क़ैदी
बनने के गुर
उसकी बात जेल का नाम रौशन
करने से शुरू होती और ख़त्म

ये अँधेरी सुरंग जैसे कभी
न ख़त्म होने वाले
जेल के दुख को काटने कई बार
मैंने ज़िन्दगी को भी काटना चाहा
पर हम छोटे थे
हमें नहीं मालूम थे
ख़ुद को ख़त्म करने के बहुत कामयाब रास्ते
थर्मामीटर तोड़ पारा गुटकने के
कभी उस जेल के पिछवाड़े बने
पुराने कुएँ में छलाँग के
कभी उस जेल की सबसे ऊँची
छत से गिर जाने के
सुने हुए रास्ते थे
पर हमको घर में
या उस जेल में
मरना सिखाया नहीं गया था
जैसे कि जीना भी नहीं सिखाया गया था
सो हम मर भी न सके

हाँ...हमको जो रोज़ रोज़
जेल तक छोड़ते थे वो गाड़ीवान
खालिस और सच्चे आदमी थे

बीड़ी पीने वाले
रिक्शों के ख़ाली पाइप में गुल्लक बना
दस–बीस पैसे के सिक्के जोड़ने वाले
हमारे आसपास तब जो भी लोग थे
उनमें से यही थे जो
हमारा दुख समझते थे
और उस दुख को कम करने
कभी–कभी कुल्फी खिलाते थे
वो ख़ूब ज़िन्दादिल लोग थे
जो बचपन में कभी जेल नहीं गये थे
ग़रीब और फटेहाल
गमछे बंडी वाले
हँसने खाँसने वाले
चेचक के दाग वाले
साँवले चेहरे ख़ूब याद हैं

बरस–दर–बरस बिता
जब मैं उस जेल से निकला
तो एक अदृश्य टाई मेरे गले
में कस गयी
प्लास्टिक की एक नक़ली
मुस्कुराहट जड़ गयी मेरे होंठों पर
जो कितना भी दुख हो
पिघलती नहीं थी
अब मैं एक छँटा हुआ शरीफ़ था
एक रोबोट
अब मैं आसानी से चूस सकता था
किसी का ख़ून
चालाकियों की परखनली के रसायन को
पढ़ना मैं ख़ूब जान चुका था

यहाँ तक कि वो ख़तरनाक
रसायन बनाना भी मैं सीख चुका था
जो जो मैं भगवान के घर से
सीखकर आया था वो सब
भुलाया गया मुझे उस जेल में
सभी नदियाँ वहाँ सुखाई गयीं
सभी जंगल जलाये गये
सभी पक्षी चुप कराये गये
सभी पहाड़ बौने किये गये
मेरे भीतर जो भी मुलायम था
वो सब खुरदुरा किया गया

आज बरसों के बाद
मैं उस जेल के सामने
फिर आकर खड़ा हूँ इसके
देखता हूँ
जेल की इमारत कुछ और
रंगीन हो गयी है
जैसे कि कभी ज़हर रंगीन होता है
मेरी देह एक डायनामाइट हो गयी है
वो बचपन की जेल जो मेरी
शिराओं तक में दौड़ गयी है
उसको उड़ाना चाहता हूँ
पर शीशे की तरह पिघलकर
ये जेल जो मेरे ख़ून में बह रही है
मैं इसको निकाल नहीं सकता
ये मेरा सच है जिसे मैं
बचपन से अब तक ढोता हूँ
जब भी मेरे भीतर कुछ उपजता है
सच्चा और क्वारा

मेरा ख़ून ही उसको धो डालता है
मैं इस जेल को बार–बार
ना...कहना चाहता हूँ
मैं इस अन्धी सुरंग को
ना...कहना चाहता हूँ
मैं बचपन के स्कूल को
इस जेल को
ना...कहना चाहता हूँ।।

पृथ्वी के साथ भी

पुरुषों से भरा वह टेम्पो रुका
और कोने की ख़ाली जगह में
सकुचा कर बैठ गयी है एक स्त्री
सहसा...थम गये हैं
पुरुषों के बेलगाम बोल
सुथर गयी है देहभाषा
एक अनकही सुगन्ध का सूत
रफू कर रहा है पाशविकता के छेद
अनुभूति दूब सी हरी हो चली है
कुछ ऐसा ही तो हुआ होगा
शुरू शुरू में
दहकती पृथ्वी के साथ भी।।

पिता की याद

भूखे होने पर भी
रात के खाने में
कितनी बार,
कटोरदान में आख़िरी बची
एक रोटी
नहीं खाते थे पिता...

उस आख़िरी रोटी को
कनखियों से देखते
और छोड़ देते हममें से
किसी के लिए
उस रोटी की अधूरी भूख
लेकर जिये पिता
वो भूख
अम्मा...तुझ पर
और हम पर क़र्ज़ है।

अम्मा...पिता कभी न लाये
कनफूल तेरे लिए
न फुलगेंदा, न गजरा
न कभी तुझे ले गये
मेला–मदार
न पढ़ी कभी कोई ग़ज़ल

पर चुपचाप अम्मा
तेरे जागने से पहले
भर लाते कुएँ से पानी
बुहार देते आँगन
काम में झुँझलाई अम्मा
तू जान भी न पाती
कि तूने नहीं दी
बुहारी आज।

पिता थोड़ी सी लाल मुरुम
रोज़ लाते
बिछाते घर के आसपास
बनाते क्यारी
अँकुआते अम्मा...
तेरी पसन्द के फूल।

पिता निपट प्रेम जीते रहे
बरसों बरस
पिता को जान ही
हमें मालूम हुआ
कि प्रेम ही है
परम मुक्ति का घोष
और यह अनायास उठता है
मुँडेर पर पीपल की तरह।।

पेंसिल की तरह बरती गयी घरेलू स्त्रियाँ

पेंसिल की तरह बरती गयी घरेलू स्त्रियाँ
फेंकी गयीं खीज और ऊब से...
मेज़ और सोच से गिराई गयीं
गिर कर भी बची रह गयी उनकी नोक
पर भीतर भरोसे का सीसा टूट गया
उठा कर फिर–फिर चलाया गया उन्हें
वे छिलती रहीं बार–बार
उनकी अस्मिता बिखरती रही
घिस के क़द बौना होता गया
उन्हें घर से बाहर नहीं किया गया
वे ज़रूरत पर मिल जाने वाले
सामान की तरह रखी गयीं
रैक के धूल भरे कोनों में
सीलन भरे चौकों और पिछले कमरों में
उन्हें जगह मिली
बच्चे भी उन्हें अनसुना करते रहे...
पेन और पिता से कमतर देखा... जो दफ़्तर जाते थे
हमेशा गलत बतायी गयी उनकी लिखत...अनन्तिम रही...
जो मिटने को अभिशप्त थी
वे साथ रह रहीं नयी और पुरानी पेंसिलों
और स्त्रियों से झगड़ती रहीं
यही सुख था...जो उन्हें हासिल था
बरस–दर–बरस कम्पास बॉक्स और तंग घरों में

पुरुषों और पैनों के नीचे दबकर
चोटिल आत्मा लिए
अपनी देह से प्रेम लिखती रहीं
पर चूड़ीदार ढक्कनों में बन्द रहे पुरुष
उनकी तरलता स्याही की तरह
बस सूखे काग़ज़ों में दर्ज हुई
पेंसिल की तरह बरती गयी घरेलू स्त्रियाँ।।

ताले...रास्ता देखते हैं

चाबियों को याद करते हैं ताले
दरवाज़ों पर लटके हुए...
चाबियाँ घूम आती हैं
मोहल्ला, शहर या कभी–कभी पूरा देस
बीतता है दिन, हफ़्ता, महीना या बरस
और ताले रास्ता देखते हैं।

कभी नहीं भी लौट पाती
कोई चाबी
वो जेब या बटुए के
चोर रास्तों से
निकल भागती है
रास्ते में गिर,
धूल में खो जाती है
या बस जाती है
अनजान जगहों पर।

तब कोई दूसरी चाबी
भेजी जाती है ताले के पास
उसी रूप की
पर ताले अपनी चाबी की
अस्ति (being) को पहचानते हैं।

ताले धमकाये जाते हैं,
झिंझोड़े जाते हैं,
हुमसाये जाते हैं औजारों से,
वे मंजूर करते हैं मार खाना
दरकना फिर टूट जाना
पर दूसरी चाबी से नहीं खुलते।

लटके हुए तालों को कभी
बीत जाते हैं बरसों बरस
और वे पथरा जाते हैं
जब उनकी चाबी
आती है लौटकर
पहचान जाते हैं वे
खुलने के लिए भीतर से
कसमसाते हैं
पर नहीं खुल पाते,
फिर भीगते हैं बहुत देर
स्नेह की बूँदों में
और सहसा खुलते जाते हैं
उनके भीतरी किवाड़
चाबी रेंगती है उनकी देह में
और ताले खिलखिला उठते हैं।

ताले चाबियों के साथ
रहना चाहते हैं
वो हाथों से,
दरवाज़े की कुंडी पकड़
लटके नहीं रहना चाहते

वे अकेलेपन और ऊब की दुनिया के बाहर
खुलना चाहते हैं

चाबियों को याद करते हैं ताले
वे रास्ता देखते हैं।।

नींद ऐसी

रात के रफूगर ओ...
भर दे उनींदी आत्मा के छेद
दे मुझे नींद ऐसी
कि इक सियन में सुबह हो।।

माँ को ख़त

माँ! अक्टूबर के कटोरे में
रखी धूप की खीर पर
पंजा मारने लगी है सुबह
ठण्ड की बिल्ली...
अपना ख़याल रखना माँ !

❑❑